調べよう！
わたしたちのまちの施設

警察署

東京都杉並区天沼小学校教諭 **新宅直人** **指導**

6

小峰書店

もくじ

本のさいごに、
見学のための
ワークシートが
あるよ！

ここは、警察署だ！

警察署は、どんなところでしょうか。
警察官は、どのような仕事をしているのでしょうか。

千葉県習志野警察署

自転車には2つの鍵を！
ツーロックで盗難防止！

千葉県の習志野市にある習志野警察署です。警察署では、たくさんの警察官がはたらいています。

警察のやくわり

警察署は、まちの安全を守るためにあります。まちの警察署と交番には警察官がいて、事故や事件がおきたらすぐにかけつけます。

警察の仕事をする人を、警察官というよ。おまわりさんとよぶこともあるね。

1

まちの安全と住む人の安心を守る

移動交番車。人が集まる場所に行き、住民の相談を受けたり、子どもたちが事件や事故にまきこまれないように見守ったりする。

まちにある交番には警察官がいて、まちの人のくらしの安全を守っている。道にまよったり、何かをひろったり、落とし物をしたりしたときも、いつでも相談できる。

②
交通事故をふせぎ、
事故がおきたら
原因を調べる

交通事故の現場で、事故がおこった原因を調べる警察官。

③
事件を調べて、犯人をつかまえる

調べている事件について、手に入れた情報をなかまにつたえる刑事。根気強く事件を調べて、事件を解決する。事件がおこったら、犯人をつかまえることも、警察官の大事なやくわりだ。

警察犬といっしょに、犯人が残したものをたどって事件を調べる警察官。

警察署をさがそう！

みんなの住むまちには、警察署はあるでしょうか。ここでは千葉県習志野市を例に、さがしてみましょう。

地図帳でさがしてみよう

　まずは、自分の住む都道府県が、日本のどのあたりにあるか、そして、市が、都道府県のどのあたりにあるか、地図帳でさがしてみましょう。

千葉県習志野市の場合

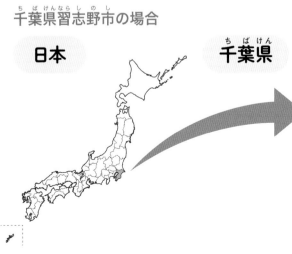

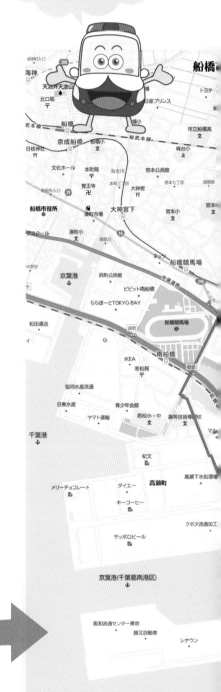

インターネットなどでよく見る地図だね。みんなも自分が住んでいるまちの地図でさがしてみよう！

警察署はどんなところにあるかな?

これは習志野市の地図です。市のほぼまん中に警察署があります。交番は、8つあります。にぎやかな駅前にあるほか、市の全体にちらばっています。

多くの市で、警察署はひとつあります。あなたの住むまちの警察署や交番は、どのような場所にあるか、調べてみましょう。

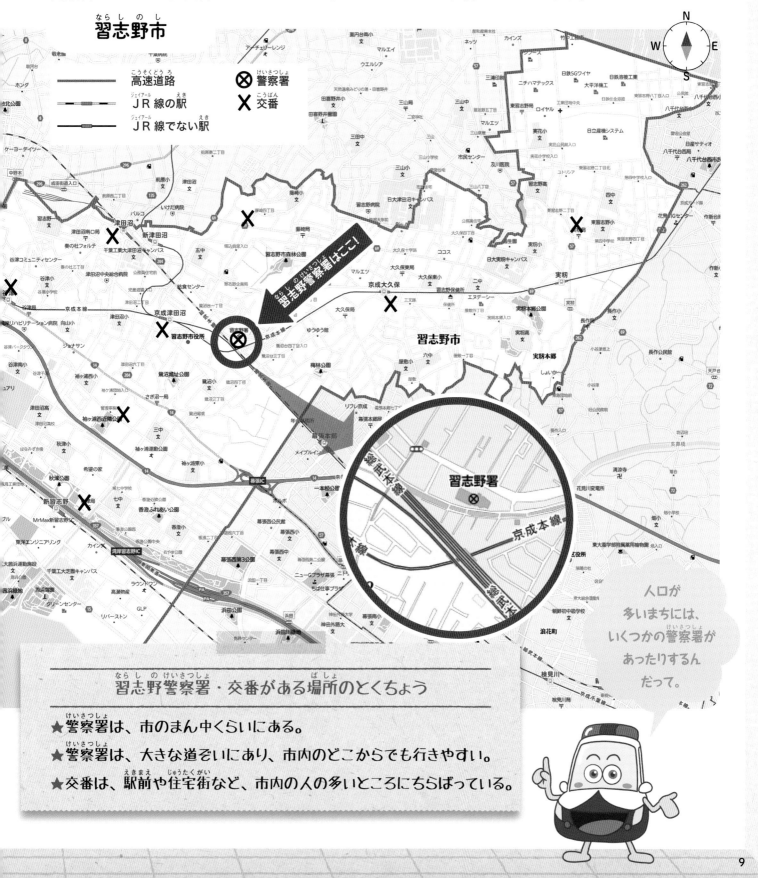

人口が多いまちには、いくつかの警察署があったりするんだって。

習志野警察署・交番がある場所のとくちょう

★警察署は、市のまん中くらいにある。

★警察署は、大きな道ぞいにあり、市内のどこからでも行きやすい。

★交番は、駅前や住宅街など、市内の人の多いところにちらばっている。

警察と警察署の誕生

警察署は、いつごろつくられたのでしょうか。習志野市を例に見てみましょう。

150年くらい前 日本に警察ができる

今から150年くらい前、東京に警視庁という警察の組織がつくられました。その後、各都道府県にも警察ができ、100年くらい前の1918年に、今の習志野市にも派出所ができました。派出所とは、今の交番のことです。

100年前に派出所として建てられた建物。習志野警察署の、さいしょのすがた。

65年くらい前 今の警察のしくみができる

今から65年くらい前の1954年、警察についての新しい決まりができ、都道府県ごとに警察をつくるという今の警察のしくみがととのいました。このとき、千葉県の警察本部ができ、派出所は習志野警察署となりました。

1954年に千葉県警察本部となった建物。

年	1874	1918	1923	1945	1946		1954	1958	1966
習志野市と警察のおもなできごと	○警視庁ができる	●今の習志野市に派出所ができる	○関東地方に大きな地震（関東大震災）がおこる	○大きな戦争（第二次世界大戦）が終わる	●日本ではじめての女性警察官が誕生する		○習志野市ができる ●習志野警察署ができる ●千葉県警察ができる	○習志野消防署ができる	●コンクリートの習志野警察署ができる

今の警視庁というのは、東京都の警察のこと。都道府県ごとに、警察があるよ。

1954年に、警察へ通報する番号が「110番」と決められたよ。1960年には全国共通の番号になったんだ。

1955年
3万2198人

習志野市の人口

55年前 コンクリートの警察署ができる

習志野市ができておよそ10年後、コンクリートづくりの習志野警察署ができました。このころ、習志野市の人口はどんどんふえていきました。道を走る車もふえ、交通事故も多くなりました。

1966年にできた習志野警察署の建物。

20年前 新しい警察署ができた

20年くらい前の2002年、まちの中心部に新しい警察署ができました。今、習志野警察署のもとには8つの交番があります。これらの施設で、まちの人びとの安全を守っています。

新しくなった習志野警察署。

2019年
17万3810人

1971
○習志野市の人口が10万人をこえる

1980
○このときの習志野警察署には、交番が5つと駐在所（35ページ）がひとつあった

2002
●習志野警察署が今の場所にうつり、新しい建物になる

みんなの
まちの警察署は
どう変わってきた
のかな？調べて
みよう。

警察のようす 昔と今

警察署の昔と今のようすを見てみましょう。車がふえたり、インターネットが広まったりと時代が変わるのに合わせて、警察の仕事も変わっています。

90〜70年前 交通安全の仕事がふえる

90年くらい前、大きなまちでは自動車が走るようになりました。車がふえると、事故もたびたびおこりました。それまでの警察のおもな仕事は、事件を調べて犯人をつかまえることでしたが、交通安全のための仕事が新しくくわわりました。

70年前におこなわれた、千葉県警本部による第1回全国交通安全運動のパレードの車。

70年くらい前のまちのようす。祭りの行列の人たちが安全に歩けるように、警察官が交通整理をしている。このころはまだ、歩行者用信号機はなかった。

70〜60年前 女性警察官の誕生と活やく

大きな戦争が終わったつぎの年の1946年、日本ではじめての女性警察官が、東京都で誕生しました。同じ年、千葉県でも女性が警察の仕事をはじめました。そのころ、女性警察官は婦人警官とよばれていました。

60年くらい前の女性警察官のようす。交通整理や、まちの子どもたちの相談相手がおもな仕事だった。今は、女性警察官も男性と同じ仕事をしている。

60年前 110番と通信指令室のしくみができる

　60年くらい前の1960年に、警察にかける電話番号は全国どこでもおぼえやすい110番になりました。そのあと、110番の電話で受けた内容を、まとめてすばやく指令ができるように、警察本部に通信指令室ができました。

警察本部にある通信指令室。110番通報をここで受けると、コンピューターの画面の地図で、電話をかけた場所をたしかめることができる。

20年前 インターネットの誕生

　20年くらい前から、インターネットが生活のなかで使われるようになりました。インターネットを使った犯罪がふえたので、警察の仕事はインターネットの分野にも広がっています。

インターネットを使う犯罪を「サイバー犯罪」という。警察もインターネットを使って、サイバー犯罪の犯人をつきとめる。

すべての住民のくらしを守る

　今、習志野市ではまちに住む外国人やお年よりの数がふえています。警察は、ことばがわからなかったり、年をとって犯罪の被害にあいやすくなっている人たちによりそって仕事をします。子どもたちも事故や犯罪から守ります。みんなが安心してくらせるまちにすることが、警察の仕事です。

警察署へ小学生が社会科見学にやってきた。昔も今も、警察官は子どもたちのあこがれの仕事。

警察署を調べよう！

警察署の中はどうなっているのかな。どんな仕事があるのか見てみよう。

まちの警察署は、どんなところなのでしょうか？　ここでは、千葉県習志野市の習志野警察署に行って、調べてみましょう。

入り口にかがやく金色のマーク

　入り口には、警察署の名前といっしょに、警察をあらわす金色のマークがあります。このマークは、ここが警察署だとすぐにわかってもらうためのくふうです。

のぼる朝日とひざしをあらわしたマーク。全国の警察署にある。

警察署のフロア（階）の案内。仕事の種類によって、いろいろな「課」にわかれている。警察官が体をきたえるための武道場もある。

総合案内

階	課名など	内容
3階	生活安全課	○防犯、少年についての相談 ○家出人などの届け出 　　　　　　　　　　など
	刑事課	○覚せい剤、麻薬など薬物についての相談 ○事件（盗難、傷害など）の届け出など
2階	武道場	○柔道場、剣道場
	会計課	○落し物、拾い物の届け出・受け取り
	大会議室	○講習会など
1階	警務課	○各種相談窓口（被害者相談窓口） ○警察官の募集
	交通課	○交通規制、交通事故の届け出 ○運転免許証の更新、住所変更など
	地域課	○交番、パトロール活動

入り口近くにある課の窓口

　警察署は公共施設なので、だれでも利用できます。1階には、全体の案内をしてくれる警務課の

総合窓口や交通課の窓口があり、運転免許証の手続きや、犯罪にまきこまれたときの相談などで住民がおとずれます。

●交通課

運転免許証の手続きや、車を新しく買うときに必要な証明書を出してもらう人がおとずれる窓口。

●警務課

警察への相談を受けつける。犯罪の被害にあったら、この窓口で相談する。警察署全体の案内を受けつける総合窓口もある。

夜間・早朝受付の窓口

　警察署は24時間あいています。警察官が交代ではたらいています。夜の間や早朝に事件や事故がおこっても、いつでも出動できるようにしています。

夜はそれぞれの課から当直の警察官がここに集まって仕事をする。時間は、夕方5時15分から朝の8時半まで。

交通課の仕事

交通課は、どんな仕事をしているのでしょうか？

今は、自動車が多くて、交通事故も多い。交通課の警察官には、いろいろな仕事があるんだ。

交通の安全を守る仕事

　住民が交通事故にあわないように、交通の安全を守る仕事をします。交通事故がおこったら、すぐにかけつけて、べつの事故がおこるのをふせぎます。交通安全の大切さを教えたり、交通違反をした車をつかまえたりもしています。

子どもたちが安全に学校へ通うことができるように見守るのも、大切な仕事だ。

●交通事故の現場にかけつける

　交通課の警察官は、交通事故がおこったら現場へすぐに行き、つづけて事故がおこらないように交通整理をします。そして事故現場のくわしいようすを調べ、事故の原因をつきとめ、同じような事故がおこらないようにします。

トンネルの中で、車どうしがぶつかった。すぐに警察官がかけつけ、調べはじめる。

●交通違反を取りしまる

交通違反をしている自動車やバイク、自転車などを取りしまります。交通違反には、スピード違反のほか、信号無視、お酒を飲んだあとに運転する飲酒運転、一時停止をしない、シートベルトをしない、携帯電話をかけながらの運転などがあります。交通違反は大きな事故につながるので、取りしまりは大切な仕事です。

飲酒運転の取りしまりのようす。

●信号機のかわりに 交通整理をする

停電などで信号機が動かないときなどは、警察官が交差点に立って、信号のかわりに手で交通整理をします。交差点では、どちらの道の車が進んでよいかがわからないと、交通事故がおこったり、じゅうたいしたりするからです。

交差点で交通整理をする警察官。

知ってる？ 運転免許証を新しくする窓口がある

自動車の運転には運転免許証が必要です。決められた年ごとに講習と視力検査を受けて、新しくしなければならないと決められています。運転免許証を新しいものと交かんするのも、交通課の仕事です。

運転に不安があり、運転をやめることを決めた人は、免許証を返す手続きもできます。

窓口で、新しい免許証を受けとる。

はたらく人に教えてもらったよ

交通課の警察官

交通課の女性警察官に、仕事について話を聞きました。

交通課では、女性警察官がたくさん活やくしているんだって。

事故を1件でもへらすためにはたらく

わたしたち交通課の警察官は、事故がおこりやすい場所で違反を取りしまることによって、事故をふせいでいます。交通事故にまきこまれると、けがをしたり、ときには命を落とすようなこともあります。交通事故を1件でもへらすことが、わたしたちの大切な仕事です。

写真：千葉日報

小学校の通学路で、交通違反の取りしまりをする警察官。子どもたちが安全に登下校できるようにしている。

事故がおこったらすぐにかけつける

事故がおきたら、交番の警察官や、わたしたち警察署にいる交通課の警察官がかけつけます。現場では、被害にあった人も事故をおこした運転者も、こんらんしています。その人たちを落ちつかせるのも、わたしたちの大事なやくわりです。

事故がおこると、事故処理車で出動します。現場では、事故のようすを文章や図でしっかりと記録します。

交通安全のルールを教える

横断歩道のわたり方や自転車の安全な運転のしかたなど、交通安全のための正しいルールを子どもたちにお話ししています。小学校でも、交通安全教室や自転車運転教室を開いています。

小学2年生への自転車運転教室です。正しい乗り方を知ってもらい、みなさんが事故にあわないようにお話しします。

白バイでパトロールする

わたしたち交通課の警察官は、白バイなどに乗り、スピード違反や、交差点の一時停止で止まらないなどの交通違反を取りしまります。広いはんいをパトロールして白バイのすがたを見せることが、みなさんの安全運転につながります。

これから、交通違反の取りしまりへ出発します。安全運転の見本になるよう、心がけています。

？ 信号機のやくわりって何？

信号機には、交通事故をふせいだり、車の量によって信号が変わる時間を変えることで、じゅうたいをふせぐやくわりがあります。じゅうたいがへれば、車から出る排気ガスやそう音もへり、住みやすいまちになります。信号機をおく場所を決め、管理するのは、警察のやくわりです。

さいきん見られる、うす型の信号機。うすくなり、軽くなったため、強風でもこわれにくくなった。

？ マラソン大会やパレードで、白バイが前を走るのはなぜ？

マラソン大会やパレードは、安全のため、道路に自動車などが入れないようにしておこないます。そのため、パトカーよりもすばやく動ける白バイが先頭やいちばん後ろを走って、安全をたしかめています。

白バイが前を走っているパレードのようす。白バイに乗った警察官は、事故がおきないように注意する。

110番のしくみ

事故や事件がおこって110番通報をすると、警察官がかけつけます。どんなしくみで、警察官がやってくるのでしょうか。

110番を受けてすぐにかけつける

110番の電話は、警察本部の通信指令室につながります。すると、指令室から警察署や交番、

警察本部の通信指令室。110番を受けると、自動で消防署などの必要なところへも連らくがいく。

警察本部の交通管制センター。道路のこみぐあいや事故の情報をまとめている。情報はカーナビなどで受けとれる。

パトカーの警察官へ、電話の内容がいっせいにつたえられます。連らくを受けた警察官のうち、まず近くにいる人が現場へかけつけ、担当の警察官もすぐに現場へかけつけます。

●110番通報のしくみ

警察署

交番

KOBAN

●110番のかけ方

警察　はい、110番です。事件ですか？　事故ですか？　← 事件か事故か、聞かれる。

通報者　「交通事故です。」

警察　「どこでありましたか？」　← 場所を聞かれる。

通報者　「山下町2丁目です。山下郵便局の前です。」

警察　「今、どうなっていますか？」　← 今どうなっているか聞かれる。

通報者　「車に乗っている人が、けがをしてとじこめられています。」

警察　「あなたのお名前と連絡先は？」　← 電話番号を聞かれる。

通報者　「前田かずみです。電話番号は○○○○○−○○○○○です。」

警察　「すぐにそちらに行きます。」

事故ではなく事件のときは、犯人を見たかどうか聞かれることもあるんだって。

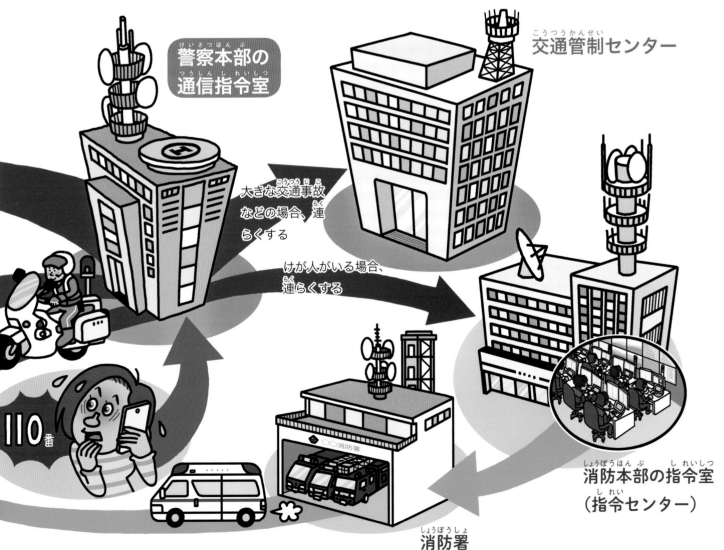

警察本部の通信指令室

交通管制センター

大きな交通事故などの場合、連らくする

けが人がいる場合、連らくする

110番

消防本部の指令室（指令センター）

消防署

○○消防署

生活安全課の仕事

生活安全課は、どんな仕事をしているのでしょうか。

身近な犯罪をふせぎ、住民を守る

毎日の生活のなかでおこるぬすみなどの犯罪をふせいだり、夜中に遊んでいる子どもを指導したりして、住民が犯罪にまきこまれないよう、犯罪から守る仕事をしています。

しつこく人を追いかけてつきまとうストーカー犯罪の相談や、家族の中での暴力の相談も、生活安全課で受けています。

店が集まったにぎやかな駅前で、犯罪がおこらないようにパトロールする。

●防犯の大切さをみんなにつたえる

犯罪がないまちは、みんなが住みやすいまちです。犯罪をふせぐために、まちの人たちに犯罪の被害にあわないための方法や、子どもたちに「いか・の・お・す・し」をつたえ、注意をよびかけます。

「いか・の・お・す・し」をつたえる防犯イベント。子どもたちにおぼえてもらうことがとても大切。

知ってる？
防犯のための5つの注意

いか の お す し を守ろう

『いか』… 知らない人についていかない。

『 の 』… 知らない人の車にのらない。

『 お 』… つれていかれそうになったら、おおごえを出す。

『 す 』… すぐにげる。

『 し 』… こわい思いをしたことは、おとなにしらせる。

調べよう！ 警察官の服と持ち物

警察署にいる警察官のふだんの服。

警察官の階級章。どの制服を着てもかならずつけることになっている。

警察官は、課によって仕事の内容がさまざまです。そのため、ふだん持ち歩いている道具や服も、課によってちがいます。また、同じ課の人でも、仕事の内容によって服が変わることもあります。

白バイに乗る警察官が着る制服。

どの服もかっこいいけど、動きやすくて、ひとめで警察官とわかることが大切なんだよ。

警笛 声のとどかない遠くの車に合図をおくったり、人に危険を知らせる笛。

けん銃 犯人をつかまえるときに、自分やまわりの人の命が危険になると使う。

手錠 犯人の手首にはめてにげられないようにする。

交番の警察官が着る活動服。

無線機 警察署やパトカーとの連らくに使う。

警察手帳 自分が警察官であることを証明する手帳。

警棒 犯人をつかまえるときに、自分の身を守るために使う。

警備や災害救助の仕事

警察署には、警備課という課もあります。どんな仕事をしているのでしょうか。

災害のときなどに市民を守る

警備課は、災害や大きな事故がおこったときにみんなを助けたり、大きなイベントのときに警備したりします。仕事をするときは、警備課の警察官だけでなく、警察署のほかの課の警察官もはたらきます。災害などでたくさんの人が必要なときには、「機動隊」とよばれる隊の警察官もいっしょにはたらきます。

大きな事故がおこった場合にそなえて、救助訓練をする。

●災害のときに人びとを助ける

日本では地震、台風やたつまき、こう水など、さまざまな自然災害がおこります。災害がおこったときに、チームを組んで出動し、人びとを助けます。山や水の中にも助けに行くので、いつも訓練がかかせません。

川の中に落ちた人をさがしている。

大雨で川があふれ、土砂でうまった道を、機動隊の隊員が土砂をかき出して通れるようにする。

●イベントで警備をする

　お正月の初詣や花火大会、スポーツ大会などのイベントには、多くの人が集まります。ひとつの場所に多くの人が集まると、事故がおこりやすくなります。そのため、警備課の警察官が中心となって、警備をしたり、交通整理をしたりして人びとを守ります。

お寺での節分の行事で、警備をする警察官。多くの人が集まるので、おさないように注意をよびかけることなどをしている。

●テロなどの事件にそなえる

　何かの目的のために多くの人に暴力をふるうことを、テロといいます。警備課では、鉄道会社や、人の集まるショッピングモールの会社など、さまざまな会社と協力して、多くの人をねらったテロをふせぐための活動をしています。また、テロがおこったときのために、きびしい訓練もしています。

警察本部の「機動隊」は、災害救助などのためにとくべつな訓練を受けるよ。

港でおこなわれた、テロに対する訓練のようす。刃物を持ったテロリスト（犯人）を、おさえこんでつかまえる。

刑事課の仕事

刑事課は、犯罪について捜査する課です。刑事課の人は、どんな仕事をしているのでしょうか。

犯人を見つけてつかまえる

刑事課の警察官は、殺人や強盗などのおそろしい事件を捜査し、犯人をつかまえて事件を解決するのが仕事です。刑事課の警察官は、事件がおこるとすぐに現場にかけつけ、調べはじめます。とくべつに重大な事件でなければ、ひとつの事件をおいかけるのに、数人でひとつのチームを組みます。

事件の連絡が入ったら、すぐに出動する。

聞きこみ捜査のようす。事件を見た人などから話を聞くことはとても大切だ。

刑事は、警察官の制服を着ないんだ。だいたいはスーツを着ているけれど、仕事や場所に合わせて服をかえるんだって。

●現場で証拠を集める鑑識係

事件の現場には、いろいろなものが残っています。たとえば、犯人の足あと、指もん、かみの毛などです。このようなものは、犯人をつかまえるための大切な証拠となるので、鑑識係の警察官がていねいに調べて集めます。

事件現場の写真をとっているようす。こわされたものや犯人が残したものを、写真で記録する。

現場に残された指もんを取るようす。すべての人の指もんはちがうので、だれがさわったかを調べることができる。

指もんをとるようす。指もんがついているものに合わせて粉を使い分ける。ここでは白いとびらに合わせて、黒の粉を使う。

知ってる？ 科学捜査研究所の仕事

鑑識係が事件現場で集めたものをさらにくわしく調べるのが、科学捜査研究所のやくわりです。たとえば、現場に残された血液やかみの毛などを、薬品やけんび鏡、コンピューターなどを使ってこまかく調べ、犯人をつきとめる手がかりにします。

事件現場に残されていたどんな小さなものでも、手がかりにならないかをけんび鏡で調べる。

刑事課の刑事

犯罪の捜査をしている刑事に、話を聞きました。どんな仕事をしているのでしょうか？

お話を聞いた刑事は、「詐欺犯罪」の担当なんだ。

すぐに現場にむかい、捜査をはじめる

わたしは「オレオレ詐欺」などの詐欺事件を調べています。オレオレ詐欺は、被害者の家族などのふりをして電話をかけ、「急にお金がいるんだ」などとうそをついて、お金をだましとる犯罪です。被害がおきたら、現場を調べ、被害者や犯人を見た人に話を聞き、犯人をさがします。

情報や証拠を集める

犯人を見た人の話、それに防犯カメラの映像などの証拠を集めることは、犯人をつかまえるためだけでなく、同じ犯人グループの犯罪をふせぐために、とても大事です。犯人グループは同じやり方でほかの人にも犯罪をおこなうことが多いので、少しでも早い事件の解決をめざします。

事件についての情報が入ったら、すぐに出かけます。犯人をできるだけ早くつかまえるために、できることをします。

捜査はチームワークが大事です。ですので、集めた情報は通信指令室などに報告して、みんなで捜査します。

取り調べをする

取り調べでは、犯人ではないかと思われる人から、事件についての話を聞きます。本当のことは、たくさんの証拠をつみかさねないとわかりません。注意深くしっかりと話を聞いて、ときには、うそを見ぬくことも必要です。

取り調べは、刑事の先輩といっしょにおこなうこともあります。取り調べのコツを、アドバイスしてもらいます。

いつもかかさず勉強をする

事件の捜査や犯人の逮捕には、法律で決められた細かいルールがあります。また、あつかう事件によって、知っていなければならない法律もちがいます。そのため、わたしたち刑事は、いつも法律の勉強をしています。

わたしは、法律の本を買って勉強しています。

？ 警察犬は、どんな仕事をするの？

警察犬は、捜査に協力する犬です。犬は、いろいろなもののにおいを、人間の1億倍くらい感じることができます。警察犬はこの力で、犯人がいる場所や証拠をつきとめたりします。

警察犬がにおいをかぐようす。警察犬は、事件を調べるための特別な訓練を受けている。

？ 似顔絵捜査官って、どんな仕事をするの？

犯人を見た人の話を聞き、犯人のとくちょうをつかんだ絵をかいて、捜査に役立てます。かいた似顔絵は、刑事が事件を調べるために使ったり、ポスターにしてまち中にはり出したりして使います。

似顔絵捜査官は、絵のじょうずな警察官がつとめる。講習会などに参加して、似顔絵をかく練習をする。

警察で活やくする乗り物

警察では、いろいろな乗り物が使われています。
どんなものがあるのでしょうか？

白バイ

おもにまちを走って、交通違反を取りしまる。事故のときに交通整理をすることもある。走っている自動車のスピードをはかる機械などをつんでいる。

パトロールカー（パトカー）

警察官が乗って、まちを見まわる自動車。パトロールのほかに、事件現場にかけつけたり、交通違反を取りしまったりする。

移動交番車

まちをパトロールするほか、まちのいろいろな場所に止まって、交番のかわりにみんなの相談を受けている。

事故処理車

事故現場にかけつけて事故について調べたり、交通整理をしたりする警察官が乗る自動車。後ろに「事故」という文字が出る電光掲示板がある。

人員輸送車

国の大切な行事などで警察官が警備する
ときに、たくさんの警察官を運ぶために
使う自動車。

犯人などを運ぶ車は
護送車といって、
輸送車とはちがう
車だよ。

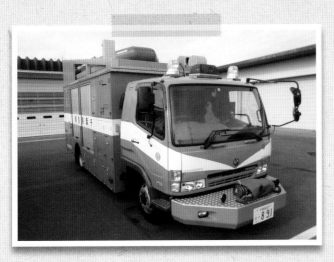

レスキュー車

地震や大きな火事などがお
こったとき、人びとを救助
するのに必要な道具をつん
で現場に向かう。

ヘリコプター

空からまちをパトロールしたり、災害にあった人をつり上
げて救助したりするほか、犯人を追いかけるために出動す
ることもある。

警備艇

船を使ってこっそり外国から日本へ入ろ
うとする外国人や、こっそり魚をとる人
たちを取りしまるための船。また、海に
落ちた人を助けることもある。

交番に行ってみよう

交番を調べよう!

交番は、警察官が交代で番をするから、「交番」っていうんだって。

まちの交番は、どんなところなのでしょうか?
ここでは、千葉県の京成津田沼駅前の交番を調べてみましょう。

どんな場所にある?

これは、駅のすぐ前にある交番です。わかりやすい場所にあるので、道を聞くのにべんりです。みんなのまちでも交番をさがして、どんな場所にあるか調べてみましょう。

24時間、いつも開いている

交番は、まちを守るために、一年中24時間ずっと開いています。夜の間に事件や事故などがおこっても、いつでもすぐにかけつけます。警察署の「地域課」という課の警察官が、交代ではたらきます。

●交番の警察官の一日の例

9:00

9:30
用意ができたら、
交番へ出発。

朝、警察署で一日の仕事の指示を受けたあとに、前の日に交番ではたらいていた警察官から仕事を引きつぐ。交番で前の日におこったことや、市民からよせられた声を聞く。

10:00

12:00

落とし物を受けつけ、書類をつくるのも大切な仕事。

交番に着いて、仕事をはじめる。道を聞いてくる人などが多い。

15:00

人びとの安全のために、あやしい人がいないかパトロールする。

その後のスケジュール

19：00 ～8：30	交番で事件などにそなえる。夜間のパトロールをすることもある。交代で仮眠をとり、事件や事故がおこったら出動する。
8：30	警察署にもどって書類を整理し、引きつぎをする。

19:00

朝から夕方の間に何があったか、日誌に書いておく。

地域課の警察官

交番にいる警察官は、警察署の地域課の警察官です。交番で、どんな仕事をしているのでしょうか？

市民のすぐ近くで仕事をする

交番は、道を案内したり、落とし物を受けつけたりするなど、警察官が市民とお話をすることが多いところです。事件や事故がおこったら、まず、わたしたち交番の警察官がかけつけます。

交番にいる地域課の警察官は、市民にいちばん近い警察官です。どんな質問にもていねいに答えます。

家を1けん1けん回る

受けもっている場所の家を1けんずつ回って、みなさんのようすなどをたしかめます。ひとりぐらしの方の場合、何かがあったときにはだれに連らくをすればよいかを聞いたりします。新しく引っこしてきた家があったら、行くようにしています。

1けん1けん回る仕事は、まちに住む人たちのようすを知るために、とても大切です。

自転車の防犯登録をチェック

犯罪の被害で多いもののひとつが、自転車をぬすまれることです。自転車に乗っている人に声をかけ、自分の自転車かどうかを調べさせてもらうこともあります。警察がいつも見ていると思ってもらうことが、犯罪をへらすことにつながります。

自転車に乗っている人に話を聞くときは、ていねいな言葉づかいを心がけています。

自転車を買ったときに登録する情報をその場で調べ、乗っている人が持ち主かどうかをたしかめます。

子どもたちの安全を見守る

子どもが事件や事故にまきこまれないように、わたしたち地域課の警察官は、登下校の時間には学校のまわりをパトロールします。もし事件がおこったら、警察署から指示を受ける前に自分で判断して動けるように、準備をしています。

学校のまわりは、とくに気をつけてパトロールします。子どもたちの安全を守ることは、わたしたちの大切なやくわりです。

❓ 何のために、イヤホンをつけているの？

警察官は、警察署や警察本部からの情報が流れてくる受令機という機械を、いつも身につけています。イヤホンは、この受令機からの声を聞くためにつけています。

いつもイヤホンを耳につけていて、指令をすぐに聞けるようにしている。

❓ 「駐在所」って、交番と何がちがうの？

交番の警察官は、警察署から来て、仕事が終わると、警察署にもどってから家に帰ります。警察署から遠くて毎日通うことができない場所に、駐在所があります。ひとりの警察官が家族といっしょに住んで、仕事をしています。

千葉県にある駐在所。駐在所は、警察署が近くにない、住む人が少ないまちで見られる。

まちの人たちと警察

住みやすいまちをつくるのは、住んでいる人たちです。まちの人たちは、安全なまちにするために、警察と協力しあいます。

写真：千葉日報

住民によるパトロール

住民がまちをパトロールし、あやしい人や夜に遊んでる子どもがいないかなどを見回ります。パトロールで何かあったときには、警察官に報告することもあります。

まちの住民と学校のPTAがいっしょに、まちをパトロールしている。この日は子どもたちも参加した。

「こども110番」で防犯する

まちには、子どもたちがあぶないと思ったとき、にげこむと助けてくれる「こども110番の家」があります。「こども110番」のマークのあるお店も、よく見られます。

こども110番の看板をたてたレンタカーの店。下校時間の夕方や休日も店が開いているので、子どもたちには安心な場所だ。

こども110番の家は、警察がまちの人たちの家やお店などに協力してもらって、引きうけてもらうよ。

110番の家をめぐるハロウィンツアー。イベントを開いて、ふだんから110番の家の人を知ってもらうことで、危険を感じたときににげこみやすくしている。

子どもたちと警察のふれあい

警察署には、武道場があります。ふだんは警察官が体をきたえるために使いますが、まちの子どもたちが通う剣道教室なども開かれます。警察官と子どもたちが、武道を通じてふれ合う場所です。

社会科見学にやってきた子どもたち。道場で、犯人を取りおさえる訓練を見せてもらう。

千葉県警察では、子どもたちが参加する柔道・剣道大会を開いている。写真は剣道大会のようす。

知ってる? 子どもたちが防犯で活やく!

習志野市には、子どもたちによる「キラット・ジュニア防犯隊」があります。この防犯隊は、入隊を希望した小・中学生でつくられていて、防犯をよびかけるキャンペーンなどに参加しています。

まちで防犯のキャンペーンをする防犯隊。

防犯隊は、「犯罪の被害者にならない」「犯罪をおこなう人にならない」「犯罪をほかの人にさせない」ことを目標にしている。

さくいん

警察署を見学しよう！

年	組	番

名　前

▶ 警察署には、どんな課があって、どんな仕事をしているかな？
気になる課について、書いてみましょう。

＿＿＿＿＿＿＿＿＿＿課	
＿＿＿＿＿＿＿＿＿＿課	
＿＿＿＿＿＿＿＿＿＿課	

▶ どの課の人にお話を聞いたかな？

＿＿＿＿＿＿＿＿＿＿課＿＿＿＿＿＿＿＿＿＿さん

▶ 見学して、気づいたことやぎもんに思ったことを書こう。

指導	新宅直人（東京都杉並区立天沼小学校教諭）

装丁・本文デザイン	倉科明敏（T.デザイン室）
企画・編集	渡部のり子・増田秀彰（小峰書店）
	常松心平・鬼塚夏海・古川貴恵（オフィス303）
文	山内ススム
写真	平井伸造
キャラクターイラスト	すがのやすのり
イラスト	どいまき
取材協力	千葉県警本部・習志野警察署
地図協力	株式会社ONE COMPATH、インクリメントP株式会社
写真協力	千葉県警本部、習志野警察署、習志野市役所、株式会社レンタス、鎌ヶ谷青年会議所

調べよう! わたしたちのまちの施設 ⑥
警察署

2020年4月7日　第1刷発行
2024年7月20日　第2刷発行

発　行　者　　小峰広一郎
発　行　所　　株式会社小峰書店
　　　　　　　〒162-0066 東京都新宿区市谷台町4-15
　　　　　　　TEL 03-3357-3521　FAX 03-3357-1027
　　　　　　　https://www.komineshoten.co.jp/
印刷・製本　　TOPPANクロレ株式会社

© Komineshoten 2020 Printed in Japan
NDC317　39p　29×23cm　ISBN978-4-338-33206-4